我们一起解决问题

松下幸之助
管理丛书
（二）

リーダーになる人に知っておいてほしいこと

松下幸之助
致未来领导者

【日】　松下幸之助　口述

　　　　松下政经塾　整理

　　　　张明扬　　　译

人民邮电出版社

北　京

图书在版编目（CIP）数据

松下幸之助致未来领导者 / （日）松下幸之助口述；
（日）松下政经塾整理；张明扬译. -- 北京：人民邮电
出版社，2017.6（2023.5重印）
ISBN 978-7-115-45637-3

Ⅰ. ①松… Ⅱ. ①松… ②松… ③张… Ⅲ. ①松下幸
之助(1894-1989)－商业经营－经验 Ⅳ. ①F715

中国版本图书馆CIP数据核字(2017)第094510号

内容提要

　　松下幸之助先生是日本著名跨国公司松下电器的创始人，被称为日本"经营之神"，晚年他创立了松下政经塾，旨在为社会培养新生代的领导者。松下政经塾得到了日本社会的广泛支持，迄今为止培养了大批人才。本书对松下先生在塾内教学学员们的讲话录音进行了分类整理，将松下先生毕生经营企业的哲学思想、管理理念以及希望传递给学员们的经典教诲做了归纳与总结。书中，松下先生对领导者的修心修为提出了宝贵的建言，内容涉及以素直之心集众智、自修自得探究事物本质、寻求日新月异的生存发展之道、自主自立、研修万物等。

　　本书适合企业经营管理者或立志成为未来领导者的人士阅读。

◆ 口　　述　[日] 松下幸之助
　　整　　理　[日] 松下政经塾
　　　　译　　张明扬
　　责任编辑　许文瑛
　　执行编辑　呼斯勒
　　责任印制　焦志炜

◆ 人民邮电出版社出版发行　北京市丰台区成寿寺路11号
　　邮编 100164　　电子邮件 315@ptpress.com.cn
　　网址 https://www.ptpress.com.cn
　　涿州市京南印刷厂印刷

◆ 开本：787×1092　1/32
　　印张：5　　　　　　　　　　　2017年6月第1版
　　字数：70千字　　　　　　　　2023年5月河北第18次印刷
　　著作权合同登记号　图字：01-2016-8604号

定　价：35.00元
读者服务热线：（010）81055656　印装质量热线：（010）81055316
反盗版热线：（010）81055315
广告经营许可证：京东市监广登字20170147号

出版者的话

在日本企业界，有四位传奇人物，分别是松下的创始人松下幸之助、索尼的创始人盛田昭夫、本田的创始人本田宗一郎和京瓷的创始人稻盛和夫。他们一般被称为日本的经营四圣。在这"四圣"之中，松下幸之助更是被尊为"经营之神"。

无论在哪一个国家的企业界，能获得成功的企业家都不计其数，但能够提炼出经营之道的企业家却为数不多，能够成为众人推崇的"神圣"级别的人物，则更是凤毛麟角。而松下幸之助，无疑在企业界建立起了一座丰碑。他不但创立了一家享誉全球的成功企业，而且提出了一套具有普遍意义的经营哲学。

松下幸之助一生获得的荣誉数不胜数，他在日本国内获得多次授勋；在国际上，获得荷兰、巴西、比利时、西班牙等国家的授勋或爵位。作为仅仅上过四年小学便辍学的人，他晚年孜孜不倦地著书立说，写了大量浅显易懂又富含哲理的文章。由于他的这些成就，1965 年，松下幸之助获得日本早稻田大学的名誉法学博士称号；1986 年，获得美国马里兰大学的荣誉博士称号。不可否认，松下幸之助逝世后，松下集团的经营产生了种种问题，但是，这并不能抹去松下幸之助的成就和思想贡献。正如福特公司和通用公司的荣光不复当年，但亨利·福特和艾尔弗雷德·斯隆却盛名常存一样，松下幸之助的实践、思考以及著作，都给后人留下了一笔宝贵的财富。

其中，他的"素直之心"和稻盛和夫的"敬天爱人"同样朴素、也同样都是人间大道。稻盛和夫师从松下幸之助，所以二人的理念有许多一脉相承之处，二人都顺应并立于时代趋势之上，从东方哲学中吸取养分，发展出一套经营和处世的哲学体系，并在企业和社会中推广践行。

他们骨子里都有一种与生俱来的大爱和使命感，始于事终不止于事，始于利终不止于利。因此，他们的著作中传达的是一种道而非术。

在互联网时代，创业不难，持续经营才是难题；在信息时代，获取信息并不难，甄别和决断才是难题；在物质文明高度发达的时代，生存并不难，拥有幸福感和平常心才是难题。而我们惊讶地发现，这些难题在松下先生的著作中都有解答。

2014 年，松下幸之助诞辰 120 周年同时也是他逝世 25 周年之际，其一手创办的 PHP 研究所，在松下第三代传人松下正幸的主持下，重新整理出版了松下的一批著作。这些著作均为松下亲笔撰写或者口述，在日本甚至在全世界都影响深远，无数的读者都曾有意或无意中研习过松下的经营理念以及人生哲学。

为了给国内的读者系统、完整地介绍松下幸之助的管理理念和独特思想，也为了更好地面对上述提及的难题，我们精选了其中的八本著作，内容涵盖松下幸之助的哲学观、决断艺术、用人识人之道、经营之道、人生观、对未来领导者的建言，以及松下思想的精华"素直之心"和"日日新"，共八个方面。

这八个方面传达的都是道，而不是术。术是生长在道上的一种方法，而道则需要我们躬身践行。知易行难，希望大家通过阅读这套书，都能摆脱既有观念、知识、经验、情感的束缚，修得一颗素直之心，发现真相和本质，更好地经营企业和生活。

2017 年 5 月

日文版序

　　日本目前正濒临"百年一遇"的危机。谁也不知道何时才能走出漫长的经济低迷期。在这样的危机时代，我们需要一大批卓越的领导者。

　　30年前，松下幸之助先生创建了松下政经塾并担任第一任塾长，目的就是为了培养新生代领导者。迄今为止，松下政经塾得到了各界的广泛支持，培养了大批人才。

　　第二次世界大战战败之后，日本国内成为一片焦土，国民生活极度困苦。我们从最恶劣的状况，历经经济高速增长期，实现了经济振兴。塾主松下幸之助先生在日本经济起飞期间，作为产业界卓越的领导人之一大显身手。他将毕生经营实业中积累的"智慧"，通过PHP研究所的出版物保留下来，传给后人。不仅如此，在他晚年时，他还在松下政经塾内多次向塾生们发表演讲。

　　松下塾主在本塾的演讲录音数量庞大，但所讲的主要内容都围绕着如何"育人"这一主题，注重"人的成长以及做人方面的成功"。松下塾主在与到访的各界之士对谈时，这一主题也是他反复强调的内容。关于松下塾主"育人"的思想，我们可以通过以下三个方面加以理解。

何为成功者

松下塾主非常重视人的成长以及做人方面的成功，我记得他曾经讲过这样一段话：

"迄今为止我从商60年，与数以万计的零售商打过交道。在这当中，我见过很多会做生意和不会做生意的人。如果由此来判断什么样的人为成功者，我认为那些即使具备聪明头脑与勤勉素质的人也未必是成功者。成功者除了具有难以用语言表述的人格魅力之外，还必须具备其他素质。"（1978年10月9日）

如此说来，成功的条件既不仅是天资聪颖，也不仅是勤勉肯干。松下塾主认为成功靠的是"运气"和"亲和力"，以及在此基础之上的聪慧、勤勉等特质。

塾主本人常说"自己运气好"，想必确实如此。一个立志想要成为领导者的人如果常说"自己运气不好"，下属岂不忧心忡忡？说穿了，又有谁会拥戴一个自认为时运不济之人呢？

因此我们认为，"运气好"这句话是松下塾主历经各种艰辛之后依然斗志昂扬的乐观心态的体现吧。

以上是从比较抽象的角度来理解成功者。松下塾主不断磨炼自己，努力去适应复杂的社会，在这一过程中得到了支持与帮助，并取得了持续成功。他的经历和感悟提升了他的境界，他对何为成功者的理解也折射出他深刻的人生哲学。

何为成功的真谛

在谈到成功的真谛时，松下塾主面对塾里面济济一堂的未来领导者们说过下面这段话：

"关于塾是和塾训大家都知道吧。你们时常会温习其中的内容吗？如果能百分之百地做到时常去温习，我认为这个人就已经很了不起了！希望你们能够由衷地重视它，把它刻在脑海里，融进血液中。"（1981年4月8日）

他还说过："你们每天把这个（塾训）念上一百遍，坚持这样做自然就会明白其中的深意。"

松下塾主亲自对学员们反复传达这样的思想：书读百遍，其义自见。坚持如此，终有一天你会明白其中的要领。平时要不断提升自己的思想与认知水平，并持续不断地积累实践经验，终有一日会豁然开朗，招来好运相伴。

松下塾主一直都在强调，必须彻底地掌握塾是、塾训中所蕴含的人本思想。每天清晨，本塾的学员们都会大声吟诵"热爱国家和国民，探求基于全新人生观的政治、经营之理念，为人类的繁荣幸福和世界和平做贡献"的塾是，以及塾训和五项誓言（塾训请参考正文第 2 页，五项誓言请参考正文第 50 页）。

一个被社会所认可的企业大多都有成型的经营理念，如同人都有志向一样。成功的真谛正是在于不忘初心，时刻谨记自己的理想与目标，并努力做到百分百地执行。

何为成功的领导者

在具备了成功者的素质，并理解了成功的真谛之后就能顺理成章地成为成功的领导者吗？答案是否定的。那么，究竟如何做才能成为成功的领导者呢？松下塾主常常教导学员们说："成功的领导者靠的不是知识而是智慧。不是用知识去理解，而是用心去领会，强调的是一个'悟'字。"

他的这句话其实是在劝诫领导者要注重日常细微琐事，并认真对待。

在本塾的课堂上，他就特别阐述了"扫除"的重要性。松下塾主关于"通过扫除来感悟"的见解将会在后文里详细介绍。与《论语》并列为四书五经的《大学》中，有关于"修身、齐家、治国、平天下"的说法。松下塾主非常认可这一说法，劝告大家首先要做到修养自身，努力提升自我，进而整个国家才能治理好。松下塾主终其一生所做的努力，都是在对这一理念进行不折不扣的实践。

在危机时代，领导者更应该与眼前严峻的现实做斗争。拥有30名员工的企业领导者，其肩上就担负着保障这30名员工以及家人在内的上百人正常生活的责任。如果再包括相关联的其他公司，可以说影响着众多人的生计。在如此严峻的条件下，要承担起这么多人的生计绝非易事。领导者若没有平日里对综合素质、精神意志、决策判断等能力以及智慧的磨炼与积淀，是绝不可能办到的。

鉴于当前的形势，同时为了纪念松下政经塾开塾30周年，我们决定将本书重新整理出版，作为学员的教材。在这项工作开始之前，我们与PHP研究所学术出版部的同仁们磋商，他们提到："这些内容，一定能够为当今企业培养领导者提供参考。"我们听取了他们的建议，在各方的大力协助下，实现了本书的重新出版。

本塾迄今为止编写过许多关于松下塾主的出版物。本书中有一部分内容是已经公开出版过的，但大部分内容来自于松下塾主此前未曾公开过的 100 小时左右的录音。从这 100 小时的录音中，我们就松下塾主意欲传递的思想，以及希望学员们务必谨记的内容，精心整理出 48 段对话实录，并归纳总结出其思想精华。本塾希望通过这本书将松下塾主的思想精髓传递给更多的学员们，引导他们成长为优秀的领导者。

身为领导者，或志在成为领导者的人士，时代要求你们要站稳脚跟，下定必胜的决心，为实现目标倾尽全部精力。

本书的内容如能对大家有所帮助，我们将不胜荣幸。

松下政经塾塾长　佐野尚见

目　录

4

目　录

● 第一部分

成功领导者必备的素质

松下政经塾

塾训

素直之心集众智

自修自得探究事物本质

寻求日新月异的生存发展之道

第一章

素直之心集众智

01 心怀素直

人若素直，便不会戴着有色眼镜去看待事物，看事物红即是红、黑即是黑。心怀素直之心便能认清事物的本质，如此一来，便不容易犯错，就能成为一个走到哪里都吃得开的人。

"拥有一颗素直之心吧，素直之心会让你变得坚强、正确、聪明。"这是我给未来领导者的第一条建议。心中怀有素直之心，就会明白事物的实相[①]。观察事物时不能戴有色眼镜，也不能怀有偏见之心，这样说我想大家都会明白。看事物时红即是红、黑即是黑，方能了解事物本质。培养这样的一颗素直之心，人们就能对事物做出正确的判断，人也会变得贤能、聪明。聪明的极致是睿智，再往上就是神智，即拥有神的智慧！当有了素直之心，就有可能拥有神的智慧，我一直都抱有这样的信念。

所以，我要求塾里的每个学员都要怀有一颗素直之心，教育他们用素直之心去观察事物。做到这一点，他们就能以自己的独有风格立足于世，并能认清事物的本质，错误也会减少，就能成为走到哪里都吃得开的人。我是这样想的。

（1978 年 10 月 9 日）

①实相：佛学用语，指宇宙万物的本源。——编者注

02 恪守正道

战术、战略都很重要。然而，更为重要的是一定要坚持恪守正道，否则难成大事。

我曾凝神静思日本历史上谁最为素直？得出的答案是丰臣秀吉②。史书上写此人非常善于玩弄权术，但我认为最素直的人正是秀吉。现在我们不是在号召"心怀素直之心"吗？秀吉所怀素直之心比谁都强，所以他做事就很有主见。他了解事物本质，明白实相，自然就有了主见。

举个例子，他在做大将的时候与毛利的军队在"中国地区"③对峙，这事大家都知道吧？当时，信长④在京都遇害了。那时的道德是与主公或者父母的仇敌不共戴天！即人们不愿与上述仇敌在同一片天空下呼吸，双方要么你死，要么我亡，这就是当时的道德规范。最遵从这一道德规范的就是秀吉。大家知道，信长被明智光秀害死后，最早讨伐光秀的可是秀吉啊！秀吉当时人在备中，在信长被害的京都周围和近畿地区有多个信长的家臣驻守，虽然信长的长子在与光秀作战时也死去了，但信长还有二子、三子在世。然而，他们之中谁也没有立刻策马扬鞭讨伐敌人的意愿，反而都在观望形势下一步如何发展。

但秀吉没有观望形势。因为对于这类不共戴天的仇敌，必须争分夺秒，拼个你死我活，所以秀吉夜以继日地赶到了京都，也不和其他诸将商量，单枪匹马就行动起来。

我想这再清楚不过了，最为忠实地履行复仇义务的就是秀吉！虽然胜负难料，但是比胜负更重要的是复仇。是秀吉死，还是光秀死，二者必选其一。信长的儿子或是其他家臣，虽近在咫尺却在观望形势。秀吉跟谁都不商量，亲自率领手下将士立刻赶去拼杀起来。所以我认为，命运眷顾最为素直行事的秀吉乃是理所当然。对此，后世的史学家却说信长的遇害正给了秀吉进攻光秀的借口，秀吉内心或暗自窃喜，这种观点纯属无稽之谈。

事情再简单不过了，最忠实地遵从当时道德规范的就是秀吉。他完全没有观望形势，而是选择立刻行动，为自己的主公复仇。战略也好战术也罢，在它们之上还要遵从当时的道德规范，这个很重要。做事的决心是由"何为正确"来定的；若时时想着"只能胜，不能败"，则必将患得患失、裹足不前。胜也好，败也罢，该做的事情就要去做。不领会这个道理就办不成大事。

（1980 年 8 月 26 日）

②丰臣秀吉（1537—1598）是日本战国时期政治家，原姓木下，后改姓羽柴，又获赐氏姓丰臣，还被称为"太阁"。他本是一名下级步兵，在侍奉织田信长时显露出不凡的才干，从而逐渐发迹，继室町幕府之后，近代首次统一日本。他对日本社会由中世纪封建社会向近代封建社会转化做出了贡献。——译者注

③日本平安时代，以当时的首都京都为中心，根据距离远近将国土命名为近国、中国、远国3个地区。日本的"中国地区"现包括鸟取、岛根、冈山、广岛、山口共5个县。——译者注

④织田信长（1534—1582），日本战国时期政治家，"日本战国三杰"之一（另外两个为丰臣秀吉和德川家康），他推翻了室町幕府，使战国乱世走向终结。后因心腹家臣明智光秀谋反，织田信长被逼于京都本能寺自杀。——译者注

03 以素直之心看待问题、指导行动

看问题如果受主观影响，往往会犯错误。要以客观的立场来观察事物，也就是说，看问题也要心怀素直之心。

拥有素直之心相当难！拥有一颗素直之心非常重要，但却不能一蹴而就。因此，我有了这样的想法，那就是每天在心里默默祈祷自己早日拥有素直之心。早晨起来后，有佛坛就在佛坛之前，有神龛就在神龛之前，心里默默祈祷"保佑我今天一天心怀素直、平安无事"。

如果坚持这样做 30 年的话，我想一生就不会犯大的错误，就能够以素直之心看待事物了，也就达到了素直之心的"初段"。达到素直之心的"初段"至少需要 30 年。我这样讲，是根据以下这种说法：不

懂围棋的人想要晋级初段，除了跟随名师并且又特别下功夫学习的人之外，一般人通常需要对弈一万次才行。

因此，考虑到要达到素直之心的初段就需要那么长的时间，我便立即行动了起来。现在，已经快35年了，我好不容易达到了初段的程度。所以，我比起你们各位更能以素直之心看待问题。当你有了初段的水平，在某种程度上就会明白：这种想法行不通，那件事怎样做比较好。

今天第一次听我这么讲，有的人会觉得"是那么回事"，能有这个感觉就可以了。但是，也有的人并不这样认为。"什么呀，说的都是些让人似懂非懂的话"，有这样想法的人还需要相当长的时间才能明白其中的深意。没有素直之心是不行的，看问题必须虚怀若谷、胸怀坦荡、心无禁锢。所以，遇事只考虑己方立场是绝对不行的！

　　说到怎样练就这样的素直之心，我认为首先要做到每天在心中祈祷。每天早晨起来对着佛像，没有佛像的地方朝着屋顶的方向看着太阳，看不到太阳的地方看着山也可以。向着太阳或山发誓："今天一天我将继续做到以素直之心看待问题，以素直之心来指导行动。我自愿这样做。"

　　这样坚持30年就能达到素直之心的初段。若是到了素直之心的初段，看待问题大体上就可以明白实相。这个物品是好还是坏、那个物品是否该买等，对这些事情就能够做出正确的判断。

　　因为我达到了素直之心的初段所以我认为我对事物的观察与判断会比你们要高明一些。素直之心可以使人变得坚强、正确、聪明，心怀素直就能明白"这个人不行"或"那样做更好"。要达到这种程度需要30年时间。

　　要做到时刻怀有素直之心，从今日起，观察事物不以对自己是否有利为标准。对自己有利也好，不利也罢，认不清事物实相是不行的。如能刻意为之，在不知不觉中就会拥有以素直之心进行观察判断的能力。

　　今后，你们在听各位老师讲课或是自己在读书思考的时候，都必须牢记尽可能地保有一颗素直之心。只凭自己的主观臆断往往会犯错误，必须学会以素直之心观察一切。

（1981 年 4 月 8 日）

04 素直接纳良言

无论是谁在说话都要认真倾听，认为对方说得对的地方就虚心地接受照办。在听取别人的意见时，要做到不存私心、以素直之心虚心倾听。只有这样才能够分享他人的聪明才智。做到这些其实并不难，人们却总因做不到而导致失败。

今天我取得成功的原因是什么？外界有各种各样的说法。如果让我自己说说成功的原因，我想那就是无论是谁说的话，我都能认真倾听，如果我觉得对方说的对就会照办。我就是这样做的。而对于提意见的人来讲，他看到我的反应就会琢磨："啊，松下先生认真听了我的话，我要支持他！"我做事的助力就会增加。我认为我取得成功的原因就是这个。

我没有读过很多书，身体也不好，打架更是赢不了别人。我这样一个人能获得今天的这一切，虽然不能否认有自己才智方面的原因，但比起个人才智，更重要的是我能虚心地接纳别人好的意见。

今后，大家在漫漫人生路上需要听取别人意见的场合会非常多。那时候，如果固执己见，别人的意见我们是听不进去的。我们一定要做到虚心、无我，怀着素直之心去倾听。只有这样才能够分享到众人的聪明才智。其实做到这些并不难，但有些人对于别人的意见总抱着"虽然嘴上那样说，但那小子是不是在骗我"的怀疑态度，即使别人提出了好的意见也不会听进去，这样的人就注定了失败的命运。

（1981 年 2 月 26 日）

05 智慧泉涌的秘诀

人要活得大气。气度大了就不会拘泥于小事，也不会被知识所束缚。能如是为之，则智慧泉涌。

在我少年时代打工的地方，每天早晨我在给左邻右舍打扫卫生的时候，没有预想到会有今天的成就。仿佛在不知不觉中就成了现在这样。一路上我借助了许多其他人的力量。实际上，也许也有那么一点自己的力量，但更多是借助了他人的力量。你们讲话、做事也一样，必须借助他人的力量。一味地自作主张，就会失去他人的支持与帮助。

所以，人要活得更大气才行。气度大了就什么都能做，而不会拘泥于小事。身为领导者必须要有非凡的气度，不要事事强词夺理，也不要被书本知识所束

缚。如此一来，智慧就会如泉涌而至。如果做不到这
一点，我们做起事情来就不会顺利。

（1981 年 1 月 21 日）

06 称赞对手

做生意或从事管理工作都不能贬低对手。看到对手的优点就该虚心学习。政治也是同样的道理，汲取对手好的政策，并在此基础上加以调整与完善即可。如此一来，国家的政治也将会变得更好。

如今，PHP[⑤]要做的就是集众人才智。我一直都觉得不同的人有着不同的创意，与其指责说其创意是错误的，不如先把大家创意中好的地方收集起来。我想大家在管理企业的时候是能做到这点的，但是当谈到政治，比如去做竞选演说时就做不到这点了，必定会对其他的政党与政策悉数反对。

因为政党不同所以彼此反对，这事儿或许可以说得通，但我认为这样也会造成损害。即使不同的政党也有好的想法吧，明明拿来借鉴就挺好的，却总在那里抗议。发表竞选演说时，政治家们也是百年如一日地做着同样的事情，不论哪个政党都是言必称对方的缺点。那样做，国家的政治永远也好不起来。

今后，如果各位参加竞选，可以试着称赞反对党的参选人。这样做就可以广集众智，如果你说"我提出的政策融合了各方的智慧，每个人都能从中获益。"这样岂不是很好吗？ PHP 现在要讲的就是这个。在这个世上存在的一切事物全部都是有价值的，无论何物，也无论何事，都不可否定其价值，我们主张都要把它提供给社会，这是 PHP 的基本原则。这里如果有 14 个人，每个人秉性各不相同。我们可以说："秉性不同更好，有各种各样的特质才好。"

我从未贬低过竞争对手的企业。我经常说："啊，这个东西好啊！""人家的东西做得不错，而且放在这里正合适。"我就是这样一路走过来的。身为企业经营者能做到不说其他企业的坏话，但话题转到了政治竞选演说时，却都在说对方的坏话。这是怎么了？我感觉有些不正常。

话说回来，今后你们各位参加竞选的时候，也是必须要做竞选演说的。那时你们要事先调查出对手有哪些被大家所认可的长处，可以称赞对手在某些方面确实做得好的地方。我觉得这样才会使竞选演说变得更好。然而，现今的政治家却都不是这样做，全部是在贬低对手，而且还很深谙此道（笑）。照此下去，无论什么时候，即使再过上一百年，也结不出好果子。

（1983 年 4 月 6 日）

⑤ PHP 由英文 Peace and Happiness through Prosperity 的首字母组成，意为通过繁荣带来和平与幸福。松下幸之助于 1946 年 11 月设立 PHP 研究所，开始实践这个构想。——译者注

第二章

自修自得探究事物本质

07 不为知识所左右

知识是工具。身为领导者不要成为知识的奴隶，而要成为知识的"主人公"，纵横驰骋，施展才华。

我们要学习的东西有很多，欢迎大家向我提出各种问题，而我也会向大家提问。这样，我们在相互学习中逐渐了解这个世界。在这期间，我们必须不断扩展自己的知识与技能。你们都是大学毕业生，所以都具有某种程度的知识素养。因此，我认为没有重新学习知识的必要。如果你们能够利用自己所掌握的知识去了解世界的话，那是最好的。如果尚未做到这一点，知识越多问题也会越多，知识不断累积也会使自己陷入思维混乱。

其实比掌握知识更为重要的是感悟知识。我们必须具有一种感悟的境界，只是感悟这个东西不是那么简单就能得到的。知识能够学而得之，但是，感悟却不行。所谓悟，就是豁然之间灵感浮现、有了感觉，是自己在无言之中所获得的启发。所以说，拥有知识虽然很重要，但是对现有知识缺少感悟也是不行的。

迄今所学的知识将大有用途，决不可浪费。但你们却缺乏能够灵活运用这些知识的感悟力。在这里，我希望你们要把它牢牢抓住。

我认为对于提升感悟力，应通过相互间交谈来进行。我们大家必须重视迄今为止所学到的知识。因为那是非常有价值的，必须对其价值给予充分肯定，但也不能被它所束缚。如果被所学的知识所束缚，那就成了学问的俘虏。我们绝对不能成为学问的俘虏，必须成为知识的"主人公"才能驾驭这些知识。你现在或许正在被知识穷追不舍，甚至被它所左右。

为了不被知识所左右，我们要把自己全部的知识都罗列出来，并认真思考如何合理地运用这些知识才行。所谓的知识就是工具，是指我们已经掌握了的工具。知识必须是可以拿来使用的，如果它不能被当作工具一样来使用就失去了应有的意义。我们不能成为知识的奴隶，必须成为知识的主人公，纵横驰骋，施展才华。

你们现在都认为，知识本身是主人，知识本身很伟大。像我这样的人，因为没有知识，所以并不会那样想，就能感觉轻松很多。大家的脑子都被知识装得满满的，所以很头痛啊。没错，真的是这样。

（1980 年 4 月 2 日）

08 接受自己的境遇

贫穷是幸运或是不幸全在于自己。坦然接受自己的境遇，则可顺势而为。

我常常思考，贫穷对我而言是幸运还是不幸？为了生计我什么职业都做过。当然也有些没做过的事情，但是除了学问与知识修养外，可以说能做的事情我都做过了。因此，很多事情我都能明白，毕竟是有过亲身体验与经历。我很想把这里做成体验基地。那么，从什么事情开始做起呢？就从最基本的扫除开始吧！相信我们每一个人都做过扫除。

小时候外出做学徒的日子里，早晨起床一定要把左邻右舍门店前的过道清扫一遍。这样一来，邻居也会早早起来清扫我家门店前的过道。我不愿在这事上落后于邻居，因此我总是最先起床来清扫，后起床的邻居就会说声"哎呀，真是谢谢了"来表示感谢。这件事情我从10周岁的时候开始做起，做了5年。当然，我做的事情不仅仅是这些，还包括沏茶、倒水等。

在我们那个时代，如果不听话，长者可以上来就给你一拳以示惩戒。如果表示出不满，那将更不可饶恕。那时必须学会忍气吞声地生活。但在忍耐的过程中，你会逐渐明白做事的诀窍。我没有学问，什么都没有，连一封信也不会写，之所以能有今天，正是因为我不论做任何事情，总能找到做事的诀窍。

你们在10岁左右的时候大概母亲还在身旁呵护有加，上了小学又一直受到老师的宠爱。而我的成长完全是困难的境遇造就的。我在15岁的时候就已经做过很多事情了。你们诸位在那个年龄阶段恐怕都没有扫过地吧？更没有过早晨很早地起床后清扫邻居家门前过道的经历吧？那样的事情我默默地做了5年。

那时在大阪的船场⑥，对面街道两侧都是做生意的店铺。对面家的小少爷和我同年，即将进入中学。我却不能进入中学只能在那里扫地。但我没觉得它无聊，认为这是理所当然的事情。我是个打工仔，人家是小少爷。小少爷上中学是理所当然，我去扫地也是理所当然，对此我不觉得有任何疑问，那时就认为是很合理的。最终我自己掌握了很多做生意以及各种做事的诀窍。

我能有今天像做梦一样。但却是自然而然发展成这样的。如果说为什么，我想是因为产生这种变化的条件都已经具备了吧。我每天早晨都要清扫左邻右舍门前的过道，之后还要洒水，从这些事情中我明白了做生意的诀窍，可以说受益良多。不同的是，你们现在已经不是小孩子了，已是大学毕业的社会人了，所以不能让你们再去做同样的事情。但是，我觉得还是有必要让你们知道做这些事的重要性。基于这样的考虑，我会让你们一年当中去不同的地方帮忙，也会让你们去扫地。我认为这不是浪费时间。虽然这也要看接受者的心态，但是我认为这些做法还是十分必要和有效的。

（1981年1月21日）

⑥大阪的船场位于大阪的中心地带，是大阪市的商业和金融中心，作为商人聚集地久负盛名。——译者注

09 要像海绵那样地主动吸收

有些问题我们怎么思考也找不出答案。但是，有志之人通过四处走访求教，最终找到了答案。所以我们要去主动学习和求教，不能总想着别人来教你。

必须进一步强化独立思考能力，如果不去进行思考与规划，将会一事无成。

怎么思考也找不到答案的问题也是有的。想不出答案就要迈开脚步去寻找，办法总会有，只要你坚持寻找。但没有志向是不行的，答案是不会自己从对面走来的，谁也不会告诉你该怎样去做。这时的你要迈开脚步去求教，不这样做是不行的。能不能做到这一点，差别会非常大。

这里强调的就是我们要像海绵那样主动吸收才

行。必须把"我要吸收"这一主观能动性完全地激发出来。不是要别人教你如何做，而是自己主动学习与吸收知识。只要你想学，什么都能学会，如果待在那里不动，则谁也教不会我们，必须自己主动学习和发问。

自己没有意愿是不行的，你们已经过了必须要有人教才能学习的年纪，不能那么做，必须主动去学习。如果还想着要别人来教自己，那就大错特错了。

（1981 年 1 月 21 日）

10 下定决心就去放手一搏

人总有悲观、不如意、迷茫的时候。此时，你能否做到赌上身家性命放手一搏，就将成为你最终是走向成功还是失败的岔路口。

我不知道宫本武藏⑦是个怎样的人，只是通过看书了解到了一些。这个人会画画，他的画作已成为重要的文化遗产。我认为他的画作确实很漂亮，也许是因为成了重要文化遗产，所以我才会这么想，不过必须承认他的画技的确很高超。

但另一方面，不仅是画技，他的剑术也很精湛，宫本武藏还是著名的"剑圣"。若问他师从何人，他既没有老师，也没有师傅。宫本武藏是通过自我修炼、自我领悟来达到这一成就的。

你们也要这样，如果被问到"你的老师是谁"，就回答："我没有老师，老师就是我自己。"做不到以自己为师是不行的。

"那是谁教你的？"

"我自己教自己的，学员们都是一样。"

"大家互为老师，互为弟子，我们互教互学，从而成就了今天。"

就是要这样说！

无论是面对政治还是经济，或是其他文化方面的事情，你们都必须要做到像宫本武藏那样去修行。修行就是闻听钟声知风吹，借助钟声就有了某种心灵感知，而不会仅仅想着："啊，刮风了好冷啊。"

伟人就有那种能力。一流的将军、军师打仗的时候，看到天空中飞行的鸟群哗啦一下子四散逃窜，便能察觉到那里隐藏着什么，或许是有伏兵吧。如果不管不顾走过去肯定就会被杀掉，所以，行军时一定要避开那里。必须开动大脑，对类似事情做到无师自通般的敏感。

如果浑然不觉走过去，一旦遇有伏兵，直接就会被杀掉。这样做将军是不行的，仗肯定也是打不赢的。飞来的鸟儿突然间散乱飞去，就必须要思考鸟儿因何会四下散乱飞去？一定是下面有什么东西，也许正是手拿刀枪、身穿铠甲的士兵蠕动时惊吓到了它们。当然，从自己这里是看不到的，如果能像鸟儿一样从空中俯瞰的话，就会明白那里有伏兵。

这种事情不仅限于战争，我们在日常生活与活动当中也经常碰到。对事物缺少洞察力就会失败，这一点须常记心间。

宫本武藏没有师傅，然而却被誉为"剑圣"。他没有跟随哪个老师学习过，全靠自己钻研而掌握了剑术。所以，诸位要学习宫本武藏以自己为师的精神，自己去钻研。

希望全世界的人们都向宫本武藏学习。如果这样做了，发现了能够实现人类幸福的信条，可以把它发表出来。即使达不到尽善尽美的程度，但也会达到世界的最高成就，如能把它写成一篇论文并发表该有多好啊！再简单不过了，你说是不是（笑）。

我创建松下电器时花了100日元的本钱。因为自己没有上过学，所以没有任何技术。然而在不知不觉中发展成为现在的规模。如果我在最初创建时就说能够有今天的成就，想必大家都会觉得好笑，认为不可能实现，然而我还是做到了。所以，世上没有做不到的事情。

之所以我能够成功，是因为我对做生意这个志向从未有过改变。65年间，做生意这件事从来也没有停止过，就这么一路走过来了。即使在资金非常困难的时候，也毫不动摇地走过来了，因此才发展成为今天的松下电器。即便有过悲伤、不如意和迷茫的时候，但是一旦决定开始，我就会考虑赌上身家性命放手一搏。

（1982 年 4 月 10 日）

⑦宫本武藏是日本战国末期至江户时代初期的剑术家、兵法家、艺术家。——译者注

11 绝不放弃努力，直到抓住成功的秘诀

一事成功则万事成功。半途而废或浅尝辄止，终将一事无成。最重要的是绝不放弃努力，直到抓住成功的秘诀。其次是具备使命感和魄力，没有这两点就不能取得真正的成功。

如果在一条道路上找到了成功的秘诀，或换句话说，就如同因围棋棋艺高超而获得知名度的人，即使做其他事也必将取得成功。要问为什么，那是因为做事的根本思路其实都是一样的。所以，也可以认为一事成功则万事成功。反过来讲，做事没有常性，经常换来换去，终将一事无成。

就人生而言也是同样的道理。各位学员也应如此，在自己选择的道路上，首先要做到在自己所从事的专业或领域内找到成功的秘诀。在找到自己领域成

功的秘诀前绝不放弃努力。只要找到了一个专业或领

域成功的秘诀,那么无论做什么事情都会取得成功。

其次是具有使命感和魄力,没有这两点就不能取得真

正的成功。我这个观点也适用于其他一切方面。

(1983 年 9 月 1 日《塾报》)

12 了解人的本质

要想取得成功，首先要了解人的本质，并由此起步向前。

羊倌要想成为一个成功的牧羊人，就要了解羊都具有怎样的性格与特性，对羊不全面了解是不行的。说白了，羊倌如果认为羊和狗是一样的习性，那就肯定会失败。羊倌必须从研究羊的各种喜好入手，从而扩展到更广的范围，通过对羊的特性进行研究，进而探究出羊的本质。只有这样才能成为一个成功的牧羊人。

另一方面，因为我们是人类，不同于其他动物，我们是在互相"饲养"。就如同现在我被你们诸位"饲养"，你们也被我"饲养"，大家都在相互"饲养"着。因此，所谓人是什么样子的、人的本质是什么，不知道这些是不行的。只有了解了人的本质，才能明白如何实现成功。如果认为人和猴子一样就不会取得成功。人和猴子是不同的，猴子是那样的，人是这样的。人类是在互相"饲养"，所以必须精心"饲养"。

在经营公司方面，若想获得成功，就必须重视公司的所有员工，必须了解人的本质所在，并由此起步才能走向成功。

诸位，在大学里你们对人进行过研究吗？

（1983 年 4 月 6 日）

第三章

寻求日新月异的生存发展之道

13 过好每一天

人类生活在宏大的命运潮流之中，要顺应潮流，但最重要的是充实过好每一天。

所谓人啊，真的是搞不懂。很多人制订了计划，都想按预定计划去实行，但并不是每个人都能做到这一点。社会上很多的人说松下先生非常有计划性，是很了不起的人。可我是在不知不觉中就成了这样。所以说你们不要考虑太多，只要充实过好每一天，就会取得成功。我一直都是这么认为的。

世上的事物并不以个人的意志为转移。说是宏大的命运也好，宏大的潮流也罢，反正我们都是被它所驱使，必须坦然地去顺应它。如果总是说那件事这样做不行，或是这种做事方式不符合自己的性格，那么日子将会越来越难过。

（1980 年 10 月 24 日）

14 姑且迷茫

　　当陷入迷茫的时候，就姑且迷茫好了。但在迷茫期间，应凝神静气，坚持学习与研究，直至看到光明。有时越迷茫，最终越有可能取得伟大的成就。当然，无需迷茫之时，就绝不要迷茫。

　　迷茫的时候，那就迷茫好了。但即使陷入迷茫，也不可误入歧途。有个迷茫期好啊，迷茫期间正好可以凝神静气，坚持不懈地学习，直至看到光明。一定要抱有总有一天会发现光明的决心。

　　陷入迷茫不可怕，百思不得其解，迷茫到骨瘦如柴也不是世界末日。如果你长期以来一直都很顺利的话，往往到最后会怀疑自己所付出的努力是否还有意义或价值（笑）？所以，越是迷茫，最终越有可能成就伟大的事业。虽说如此，无需迷茫时陷入迷茫则是不行的。同时，我们不能被自己的情感所羁绊。若没有素直之心，就会受到情感因素的支配。此事务必认真思考、认真对待才行。

（1980 年 5 月 9 日）

15　顺其自然

以"杜鹃不鸣，如此尚好"的心态处事。

日本历史上的战国时代，有织田信长、丰臣秀吉、德川家康①这三位英雄，下面的几句话表述了他们三人完全不同的性格特征。

织田信长："杜鹃不鸣，则杀之。"

丰臣秀吉："杜鹃不鸣，则诱其鸣。"

德川家康："杜鹃不鸣，则待其鸣。"

有人就上述三句话问松下先生："如果现在给出上句"杜鹃不鸣"，塾长来接下句的话，您会怎么接下句呢？"

松下答："如此尚好。"

又有人问："在三位划时代的英雄里，塾长您想成为他们中的哪一位呢？或者您最佩服这三位当中的哪一位呢？"

松下答："以个人为中心来考虑的话是德川家康，但是，从毅然决然投身做事业这点来讲是织田信长，丰臣秀吉则是处于二者之间。"

（1983 年 2 月 4 日）

⑧德川家康（1543—1616），与织田信长、丰臣秀吉被并称为"战国三杰"，著名政治家、军事家。1603 年在日本江户（今东京）建立了德川幕府（也称江户幕府）。德川一族共经 15 代征夷大将军，德川幕府统治日本历时 265 年，是日本历史上最强盛也是最后的武家政治组织，对后世的日本产生了深远的影响。——译者注

16　世间万物皆有所用

世间万物都有其存在的价值与意义，都可以被这个世界有效利用。随着人类智慧的进步，总有一天必定会实现物尽其用。

世间万物自有其存在的价值与意义，都应被有效地利用或发挥其相应的价值。必须要具有这种物尽其用的思维方式才行。虽然有"废物利用"这个词，但是完全的废物是没有的，只是暂且还不知其利用之道而称其为废物罢了。

随着人类智慧的不断进步，现在许多我们还没有认识到其真正价值的事物，将来一定会明白其真实的价值所在，就能真正地实现物尽其用。

（1980 年 8 月 1 日）

● 第二部分

致未来领导者的建言

松下政经塾
五项誓言

一、持之以恒：若常心怀大志竭力而为当为之事，则无论遭遇何种困难必有路自开。成功之要谛，在于坚持不懈直至成功。

二、自主自力：依靠他人事不前，唯有依靠自己的力量，用自己的脚走路，方能赢得他人的共鸣，凝聚智慧与力量，收获优良成果。

三、万事研修：所见所闻皆学问，将一切的体验都当作研修而发奋，方有真正进步。留心观察，万物皆可为我师。

四、做开拓先驱：不因循守旧，不断开拓创新的态势里，有日本和世界的未来。唯有时代的先驱者，方能打开新的历史之门。

五、感恩协作：人才济济确为幸事，但不和则不能取得成果。唯有常怀感恩之心，相互协作与信赖，方能实现真正的发展。

第四章

持之以恒——为了开辟新道路

17 专注做好一件事

从头到尾专注做好一件事，看似困难却非常地高效。即便面对不喜欢的工作，也要下决心努力去做。不忘初心，则道路自开。

时至今日，我已将近 90 岁，见到过各种各样的人。这些人中有很多人生意做到一半就另起炉灶，改行做其他。但是，若要看什么人能够获得成功，就要数那些遇到困难也不半途而废、不忘初心、坚持不懈的人，他们最终都获得了成功。

由此想来，从头到尾专注做好一件事，看似非常困难，但它的效率却是最高的。这也不行、那也不行，工作换来换去的人虽然也有成功者，但多数都失败了。

所以，即使感觉到目前正在从事的工作不太适合自己，也要排除困难坚持到底。如此一来，讨厌的工作也会变得喜欢，并逐渐取得同事们的信任，之后就会变得想停都停不下来。工作无关个人好恶，必须努力去做，要下定这样的决心。坚持这样做的人最后都获得了成功。

　　就我的个人体验而言，轻易改变初衷者，最终失败的居多。可以说，不忘初心、坚持不懈者，大多数都可以走向成功。

（1982 年 4 月 10 日）

18 生于忧患

中国古人常讲:"生于忧患,死于安乐。"作为总经理不能没有忧患意识,忧患是命运也是宿命,更是存在的价值。如没有这样的忧患意识,那还是辞职不干为好。

人们经常说:"松下先生取得了巨大成就啊。"但是,我每天依然会烦闷,会觉得这里不行、那里不好,总是在不停地思考,经常是喜忧参半,这是实话。人们还经常说:"松下先生真的是无比顺利啊。"报纸上也总是讲我赚了很多钱,松下电器的产品那么畅销。但真实情况则是问题到处都有。这就是人生。

当谈到企业的总经理时,无论在哪一定都是最为操心的人。作为总经理,在吃晚饭时会经常感到食不下咽或食之无味,总认为事难如愿。虽然事难如愿,但还是要思考原因，这是做总经理的职责所在。作为总经理，就不能没有忧患意识，如果说操不了这份心，那还是辞职不干为好。

松下电器已经逐渐发展壮大起来，我已不再担任总经理的职务，连董事长的职务也辞了，现在成了企业顾问。但因为我是公司的创始人，所以我认为自己是个任期为终身的总经理。也因为此，我总是片刻不得安心。放心不下就是我的命运，也是我作为创业者的宿命。如此想来，我的忧患意识已成为我生存的价值。若是我认为自己已没有任何可忧患之事，一切都无比顺利和放心，那我的生存价值也就没有了。

虽然担忧的事情有很多，但换个思路来想，正是因为有了忧患意识，才有了生存的价值。正因为我时刻都在操心着企业的发展，松下电器才能平稳地发展到现在。我想或许只有死去才能够彻底摆脱这种成天忧思的命运吧！现在即使我卸任了总经理与董事长的职务，但作为企业的顾问，依然少不了各种担忧。要说我开悟了有点可笑，但是又不得不这样想。也因为这样想，所以我这样虚弱的身体也挺过来了。若不是这样，恐怕我早已精疲力竭，不知死过多少次了。

人有忧患意识才是人生的价值所在，也即所谓的"生于忧患"。假如一切都顺风顺水就体现不出人生的价值。所以，人生的价值必须靠自己创造。有各种忧患是好事，那才是事情正在向着正确方向顺利进行的保障。

（1980 年 7 月 19 日）

19 从辛苦的付出中感受到生存的价值

不要考虑一切都能如己所愿。要毅然决然地学会忍耐与辛苦地付出。总有一天，你会从辛苦地付出中感受到自己的生存价值。

我也有许多觉得无聊或感到厌烦的事情，然而，这仅仅是站在自己的立场看问题。当我们不仅仅站在自己的立场上时，我们会发现，从那些无聊或厌烦的事情当中也能找到自己的生存价值，想到这点，我便选择忍耐并继续做事。

大家也一样，不可能事事都称心如意，能有一半的事情能随你所愿就算好的了，至于另一半的事情则不忍耐不行。这与获得想要的商品就必须付钱是一样的道理。买了东西，就要付钱。简而言之，就是必须要付出相应代价。如果不愿出钱，那就鞠 10 个躬。

如果你钱也不出，躬也不鞠，那事情是办不成的。

面对困难，没有坚定的决心不行。要说辛苦是辛苦，但是必须让自己适应到不再觉得那是多么辛苦才行，要从辛苦中感受到你的生存价值。

相扑比赛的胜负在 30 秒或 1 分钟内就已决定。但是为了比赛能够取胜，选手们不知道要在台下苦练多久。每天都练到筋疲力尽，如果不这样训练，就不能赢得一场一场的比赛。选手们都是咬紧牙关在坚持，忍受了常人难以忍受的艰辛，才能在那么短的时间内来战胜对方获取胜利。

训练期间，选手们经常会有被人撞击、倒地翻滚或身体受伤的时候，但必须咬牙坚持，而他们从中感受到了自己生存的价值。从中感受不到生存价值的人是不行的，不能认识到辛苦地付出才能够体现出自己生存价值的人便谈不上忍耐。

（1980 年 8 月 1 日）

20 要有吃苦的经历

没有经历过吃苦，遭遇过困难的人生是寂寞的。所以，吃苦这件事哪怕是自己掏钱买也要去经历一番。成功人士在讲述自己的人生经历时，也最好要有吃苦的故事。

我个人认为，一个人只要具有健康的身体、基本的学问和常人的智慧便什么也不缺了。因此，从这个意义来讲，你们每个人都是集幸福于一身。不这样考虑是不对的。

要我说，在我们每个人的一生中，若是没有经历过吃苦，遭遇过困难，那该有多寂寞啊！你们说是吧。有一些吃苦或者迷茫的经历是好事。当今社会不必担心自己填不饱肚子。在本塾学习期间，你们不仅能够食无忧，而且能够学到知识，什么辛苦也没有。

也许有人说："不对，不是那样的，也有很辛苦的时候。"但你那是自认为的辛苦（笑）。不过，经历一些磨难正可以妆点我们今后的人生，如果人生一直都很平淡、没有挫折，就太没意思了。

在我小的时候，有种说法是说："自己掏钱也要去吃苦。"这说明了吃苦这件事是多么地重要。即使在自己取得成功后讲述自己的人生经历时，也一定要说到它。平安无事或太过顺利则日后没有故事，日后有故事讲多好啊。所以，吃苦这件事哪怕是自己掏钱，也必须要经历一番才行。如果抱着这个想法去做事，那就没有问题了。听了刚才大家的回答，大都合乎道理，所以我认为无需担心。

（1983 年 5 月 11 日）

21 成就源于正确的思想

没有任何一个时代像今天这样,瞬间就能够获得巨大成功,然而反之亦然。所以,最为重要的是思考。若思想正确,必能成就一番事业。事业不成,绝对不是其他方面的问题,一定要从自己身上找原因。

如果大家都有想做某一件事的想法,那么这件事有 98% 的概率会实现。然而,不想则不会实现。即使是想做,也有许多的事情是非常难以实现的。如果有了"一定要去做、必定能做成"的信念,几乎都能够如愿以偿、心想事成。在这方面,我回首自己的人生,可以理直气壮地告诉大家:我自己想做的事基本上都实现了,迄今为止几乎没有我想做却没做成的事。

所以,像今天这样想成功就能迅速取得成功的社会，可是从来没有过的。如果在德川时代，江户的消息传到九州就需要花上一个月的时间，但在今天，瞬间就可完成。成功也是瞬间即可实现的。然而在另一方面，亦可在瞬间导致失败。对于有志者来说，像今天这样得天独厚的时代是从来没有过的。

若是将 50 年前和现在相比，以前需要花上 10 年时间才能完成的事情，现在一瞬间就能完成。美国发布的消息瞬间就会被全世界所知晓。就算在我的公司也是一样，如果我们在某一天宣布某项发明获得了成功，当天就会有电话打进来咨询与洽谈。于是就有了以下这样的对话：

"听说贵公司某项发明获得了成功，是真的吗？"

"是的。"

"那么可不可以将代理权交给我们呢？"

······

如果在德川时代，绝对不可能会有这样的事情发生。

当今时代根本就没有什么不可能的事情。消息可以瞬间传遍全世界，事业也可以瞬间取得成果。如果我们不能有效利用当今时代赋予的机会，就会被时代所淘汰。因此，我们脑海里必须要有顺应时代发展的清醒认识。

在这个难能可贵的时代，对有志者来说，只要想做的事就一定能做成，而不想做的事就做不成。所以，你们必须要去想，必须要有"我要这样去做"的想法才行。如果你的想法本身没有错，就一定能够实现。

没有像当今这般容易取得成功的时代了。事业难以成功，或者自己的想法无法实现，绝不是别的原因，肯定是自己的问题。对于想做、该做以及能做到的事情没有做到持之以恒，于是开始怨恨或抱怨他人，甚至还有些人选择怪罪于社会，实在是太不应该。

成功的事业一定源于正确的思想，希望大家于公于私都要抱有这一信念。最为重要的是要有自己的想法，只要想法本身没有错，就一定能够实坜。这一点请务必牢记于心。

（1981 年 4 月 30 日）

22 必须抱有对胜利的执念

生意就是博弈。当我们不知现有产品该销往何处，或竞争对手拿到的销售订单比自己多的时候，就意味着失败。想要获胜，必须要有对胜利的执念才行。

就我个人的经验来讲，我发现那些取胜信念强烈的人，最后都能获得胜利，起码 90% 都是如此。

我基本上每天都进行着博弈。生意就是博弈，我们这边生意兴隆，竞争对手的生意就会萧条。自己都不知道现有产品该销往何处，或竞争对手拿到了更多的销售订单，那就意味着自己的失败。如果你全身心努力去做的话，应该能够取得更多订单。总而言之，没有执念是不行的，必须抱有对胜利的执念。

（1982 年 10 月 22 日）

23 去做有价值、有把握的事情

工作的成败与赌博不同，我们应确保认真完成工作，并认为这是自己的分内之事，我坚信应去做那些有价值、有把握的事情，并实施正确的行动。我们也需要为此不断地学习。

当我们没有把握将一件事情做好的时候，还是不做为好。有可能做成，也有可能做不成，有人就会赌上一把。我不会去做那种没有把握的事。既然要做，就要确保绝对的成功。我从来都是这样，像赌博之类没有把握而完全靠运气的事情，我决不会去做。

不赌不知道的行事方式，就是一种自暴自弃的行为。做事不能自暴自弃。虽然有人主张事情只有做了才知晓，但我从未做过这样的事。我所做的都是有必要去做的事情，或是坚信自己应该去做的事。应该去做那些有价值、有把握的事情，并施予正确的行动。我们也需要为此不断学习。我认为做到这些就行。

（1983 年 2 月 4 日）

第五章

自主自立——为了凝聚智慧与力量

24 诸事以热忱为本

做任何事情最不能缺少的就是热忱。当你能做到脑子里 24 小时都在想着工作的时候就会惊奇地发现，在你的脑海里会浮现出许多新的想法与创意。如果没有浮现，原因只能是你对工作的热忱不足。

我们最不能缺少的就是热忱，仅仅凭借知识或小聪明来考虑问题是不行的。上二楼要有梯子才行，假如没有想上二楼的想法，就不会去生产梯子。当有了无论如何也要上二楼的强烈愿望，才会产生制作出梯子的智慧。人们如果缺少了热忱、追求或愿望，则会一事无成。

丰臣秀吉的军师竹中半兵卫原本是与织田敌对的斋藤方面的军师。秀吉明白这些，但他毕恭毕敬、全心全意去恳请竹中半兵卫加入自己的一边，最后成功地说服了他。人如果以热忱之心去做事，就不会觉得向人低头是件苦差事，也就能够说服别人。

诸事以热忱为本。有了它，就连睡觉的时候脑子里都会时刻不停地想着事情。我在工作的时候都舍不得睡觉。创业初期时的近百个商品，全部都是我琢磨制造出来的。当时，吃饭都不经细嚼慢咽就快速吃完，即使是睡觉的时候，也要在枕头边放上铅笔和纸，如果想起了什么就赶紧记下来。那时候，我无时无刻都在思考着企业的生存与发展，没有时间和精力去思考其他，我脑子里 24 小时都在想着工作。然后，我惊奇地发现在我的脑海里会浮现出各种各样新的想法与创意。如果你的脑海中没有浮现出新的想法，那只能说明你对工作的热忱还远远不够。

心怀素直之心，正视自己的经历与处境，我们自然就会生出感恩之心，就会明白为了回报社会应该如何去做，这就是使命感。

热忱之心需要身处逆境，并且在迫于无奈的情况下才会产生。

而那些各方面条件良好之人，是绝对不会生出热忱之心和使命感的。这点务必要注意，必须不断地逼迫自己奋发图强，如果精神上没有必须改变现状的紧迫感，就绝对产生不了热忱之心和使命感。

（1983 年 11 月 1 日《塾报》）

25 万事万物皆与自己相关联

咫尺天涯皆有缘①。人若求缘，便会懂得世间一切皆与自己有关联，能把失败或受到斥责、批评当作"缘"来想的人必将强大。

如果你幻想着，忽然间有一只仙鹤飞来帮自己做事是不实际的，这样的幸运也是等不来的，我们不能有这样坐等意外收获的侥幸心理，而是要靠自己的双手去打拼。要想得到别人的支持，自己首先要去尝试并作出成绩，否则不会有人跟随。所以有没有人支持你，最重要的是取决于你是否发自内心地想要做成一件事。与不认识的人交谈，如果能把对方变成自己的伙伴就很不错。哪怕是吵架也能结成缘，说不定对方也能成为自己的支持者。

你若求缘，就会明白万事万物都与你相关联。如果能够得到身边人的支援，就没有什么是做不到的。一个人孤军作战能成事吗？有了"从今天做起"的想法就行动起来，3天过后，就会有一个支持者；10天过后，就能有两个。这样下去，不知不觉中支持者就会云集而至。必须抱定这样的信念，切不可坐等侥幸。

有道是"千里之行，始于足下"，没有这样的心态是很难走到千里之外的地方的。然而，一步接一步地迈步向前，最终就能到达终点。只要志向不改就一定能做到，我认为一点都不用担心最终的结果。你若担心了，大家就都会担心。自己绝不担心，自己是为了所有人，谁不支持你谁就会吃亏，必须这样想才行。然而，你自己没有什么能够回馈社会的东西也是不行的，即使是你现在什么都没有。但如果你有让国家未来能够变得更好的良策，那就等于拥有了取之不

尽、用之不竭的资源，就可以向大家宣布自己有许许
多多的资源与财富可以奉献给社会。

　　所以你不能认为自己仅仅孤身一人，要想着整个
国家都可以成为你的朋友。之后就是个方法论的问题
了，也就是看你怎样去实现。做好了，人人就都能够
成为伙伴。绝对成不了伙伴的人是没有的，必须抱定
这样的信念去行事才行。

　　不论何时都会有不顺利的时候，甚至也有被反对
的时候，但这也是种缘。我在经营企业的过程中，与
那些老主顾打交道时，也不全都是从一开始就那么顺
利的，其中也有因为货卖不掉而被退回，或给对方拿
去了残次品而被责备的情况。当然，我并不是刻意地
以次充好，只是碰巧拿过去的就是残次品，对方自然
要生气。不过，即使受到责备，我也想着："这也是
缘，别人对我发火，恰恰是因为我们有缘。"我凭此
能够抓住了对方的心。拿去了残次品被人责备，却成

为我们日后成功合作的基础。

你也一样，只要你能诚心诚意地表达出你的想法或诉求，无论以何种形式都必将实现，绝对用不着担心。虽然有时你即使说上一百遍，也会有人充耳不闻。其实错不在对方，一定是你的言辞里透露出某些地方做得还不够好，需要改进。在这方面还请不断地加以学习才行。

（1982 年 11 月 11 日）

⑨ "缘" 来自于佛教语言，本文中的 "缘" 更多的是指不同人之间，或人与万物之间能够产生连接的契机。——编者注

26　保有一颗平常心

成功人士的只言片语都会给他人以心灵的震撼，关键在于能否保有一颗平常心，如果没有这样的心境，就算是吃上再多的苦，终究也是白费力气。

成功人士的只言片语都会给他人带来心灵的震撼。即便这些人士本意并不想着去影响他人，然而这种震撼力量也会自然而然地表露出来。关键在于能否保有一颗平常心。若没有这样的心境，就算是吃上再多的苦，终究也是白费力气。好不容易别人给了机会，却不能及时把握住机会的人岂不是非常可怜，决不能让自己成为如此可怜之人。

（1981 年 3 月 26 日）

27 人在进退维谷时最为强大

人在进退维谷时最为强大。如果你有"不得不去做，不这样做明日宁可死掉"的心态，在事业上就一定能够有所成就。

很多的事情我现在也记不太清楚了，但我记得最初在街头宣讲 PHP 理念的时候，根本没有任何人响应。是的，最初的确如担雪塞井一般，做了许多徒劳的工作。但即便如此，我也认为这事必须做下去，所以，我选择硬着头皮继续坚持做下去。我开始筹划 PHP 活动的时候，战争结束了，我既没有工作也没有钱，可以说什么都没有。收缴财产税的官员对我的调查结果是负债 700 万日元。那个年代有 700 万日元的欠款，便不能收我的财产税。所以，我没有缴纳一分钱的财产税。当时的我已陷入进退维谷、走投无路的状况。

　　我想在那个时候应该没有人比我更悲惨了吧。猎人去山里打猎，打到的猎物个个都吃得饱饱的，没有一个营养不良。可是瞧瞧那时人的模样，却是饱受饥饿、穷困潦倒。当时，发生过某个法院的一位法官因为遵守法律不买黑市的粮食，导致营养失衡而死亡的事件。当时就是那样一个悲惨的时代。而且，我还被认定为财阀，当然这是他们搞错了，但给我带来了很多麻烦与困扰。

　　繁荣、和平、幸福，这些都是我们人类原本就该享有的福利。所以我要向大家呼吁，请大家参加 PHP 运动。虽然我举起了号召大家参加 PHP 运动的旗帜，却没有人来参加。我们在车站发传单也没有人伸手来接。因为当时大家肚子全都饿得瘪瘪的，如果给食物，估计哗地一下就能聚集起很多人，但是传单却没有人要。如果把传单给羊吃的话，羊也会当作食物来吃掉，但是人们需要的是面包。即便在那个时候，我也没想过要放弃推广 PHP 的理念。时至今日，PHP 也算是初具规模。如今在 PHP，即使 300 人聚在一起吃饭也没有问题。

我始终坚信，一件事是否正确或这件事的真正价值，如果整个社会都搞不明白的时候，就要根据自己的信念来行事，如果你认为这是必须做的事情就坚持做下去，终有一天会得到他人的认可。抱有必定会成功的信念去行事自然最好，即使没有足够的把握能够取得成功，也要有因为它是必须做的事情，哪怕失败了也要做的决心才行，我迄今所做的事情都是如此。对于我所认定的即使会失败也必须去做的事情，我会抱有"如果不做，明日宁可死掉"的心态来驱使自己，如此一来也就没办法不做了。我并非有多么崇高的理想，而是认为自己是在迫不得已下做了必须要去做的事情而已。我认为这样想就行。

人只有把自己逼到进退维谷的境地时，才能爆发出最强大的力量。现如今，你们诸位还没有真正体验过进退维谷的处境，都活得很舒适、从容。然而，一旦大家陷入绝境，需要团结一致去共同完成一件事的时候，所能达到的那种力量是能撼动天地的。

（1983 年 9 月 22 日）

第六章

研修万物——为了成为以天地万物为师之人

28 认知无处不在

用心观察，而后寻问。于是将会出现多个不同的答案，就会明白对同一个问题也会有多种不同的认知。

若是用心观察，认知可是无处不在的啊。我曾向青年员工提出这样一个问题："松树会随风而动，没错吧？树在动靠的是风，对吧？由它的动你想到了什么？""是的，是在因风而动。"这样的回答是不及格的。我要问的是你感受到了什么。虽然我也不知道，但还是想试着询问一下。

其中就有员工作出了回答："这是因为如果有风的作用，树就会动。""不仅限于风，如果有某种作用，树就会动。"还有人说，"为了风，树在动。"转眼间就出现了三个不同答案。这样一来，就能明白这个人在考虑这件事时，用的是这样的视角。而那个人在考虑同一件事时，却用了另一种视角。不同的视角下，认知也不同。对同一个问题也会有多种不同的认知。

（1983 年 5 月 11 日）

29 把基本的事情做好

日本的武士都必须正襟端坐，即坐姿规范是其基本素养。与此相同，工作也有一定的礼仪规范。人际交往中基本的礼貌用语和扫除这样的事情看似与业绩无关，但却是做人的基本素养，是极其重要的。

无论做任何事情，都要注意自己的衣着仪表。过去的武士，要从学习武士道精神起步，但最初则是学习"打坐"，就是要修练坐姿。与此相同，工作也是有礼仪规范的。

无论你的业绩多么好、事业发展多么顺利，归根到底，只有认认真真地把最基本的事情做好才能取得成功。企业最终是由人来推动向前发展的，因此每一位员工的素养对企业都极为重要。

我 9 岁去船场做学徒的时候受到过严格的训练。早晨很早就起床，洗完脸就去清扫左邻右舍的过道，但由于扫地的方法不当，经常受到批评。于是我就去向这方面做得很好的人请教如何鞠躬、如何与人打招呼等礼仪规范。他们教导我，见面要说"你好，天气不错啊"等许多说话、做事的基本礼仪规范，还要求我在最后一定要行鞠躬礼后才能离开。

这些事情看似与业绩无关，但它却是做人的基本素养，从育人的角度来讲是非常重要的。如果能够把扫地这件事情做好，我认为基本上就不会有太大问题了。

我们的第一步要从这些极其简单的事情做起，这些事情做好了，必然会取得进步。实际做了就会明白，其实越是简单的事情越难做好。一事成则万事成，把基本的事情做好就对了。

（1983 年 4 月 1 日《塾报》）

30　不要自舍"宝物"

有些事情，即使再不情愿去做，也必须把它完成。放弃"修行"就等于自舍"宝物"。

如果连招呼也不打就停止了扫除，那就等于偷懒。懈怠是绝不允许的，必会受到严厉的惩罚。说实话，扫除这种看似简单的事情，如果不认真去做，也是难以掌握要领的。即使你再不情愿，但不做也是不行的。必须要有不管下雨还是下刀子都要去做的坚强意志才行。如果你只在方便的时候才出门，或只在天气好的日子才出门，那就算不上是修行。

做扫除也是一种修行啊。修行很重要，放弃修行就等于自舍宝物，必须对这种懈怠的思想严加"惩戒"。

无故不扫除就得罚款呀！无故不扫除，发现一次罚款 5000 日元，这钱交给我，也算是对我心痛这种行为的精神补偿。听到有人擅自不做扫除，我肯定高兴不起来啊，我会想："太糟糕了，这样下去还能成事吗？"大家请不要再让我担心了，虽然我依然很担心。

从今以后，你们对待工作必须保有即使生病发烧也要出勤的热情。37 度是一个人正常体温的话，37.5 度的发热就不出勤是不行的。你要这样去想："没事，今天还是要出勤。才高出 0.5 度，没有关系的。"坚持出勤的话，你的体温也会降下来。当你有了自己尽完义务、遵守规则后的安心感，0.5 度的发热便会自行消退。想糊弄完事，温度还会再次上升。人啊，就是这么回事。所以你必须脚踏实地地去做事，绝对不能总想着休息。当然，如果有正当理由也是可以休息的，但没有正当理由就决不能休息。

在一家企业，如果一个人懈怠了，大家就都会变得懈怠。如果大家都能做到坚持不懈，就能真正发挥出集体的力量。你们中的每一个人，即便是为了全体学员，哪怕受些委屈，也必须要坚持出勤。我在20岁的时候，患上了肺结核，即使到吐血的地步也没有放下工作。我并不是怕受到批评才没有休息，而是因为担心不工作就会没有饭吃。那个时候是按天结算工资的，干一天给一天的工钱，不像今天是月工资制，所以休息就意味着没有工资，就会吃不上饭。因此如果仅仅是轻微发热，还是要坚持去工作的。

即便这样，我都活到85岁了。按理说应该早就死掉了，医生让我必须休息，但我也不听，不按医生说的去做。但病情也没有恶化，了不起吧！这就是所谓的精神的力量吧！朋友当中比我身体好的都先我一步去了，就留我一人还活着，奇怪吧？！

这些都是我的切身经历。要我看，你什么病也没有，健康着呢，所以什么也不用担心。该做的事情不做是不行的，如果该做的事情都没有做好，那你就什么事情都做不了。将来为官造福一方，更是无从谈起了。

（1980 年 10 月 24 日）

31 通过"扫除"抓住政治真谛

无论做任何事情，既然决定做就要全身心投入把它做好。能做到这一点的人，即便去做扫除这样的寻常之事，在 10 年之间也会与其他人产生巨大差距。若对扫除之事加以认真探究，我们甚至可以从中领悟到政治的真谛。

我不知丰臣秀吉是怎样的一个人，但从评书和小说里了解到，他最初的工作是给织田信长拎草鞋，这份工作并不是什么体面的工作，地位极其低下。但他却非常珍惜这份别人眼里地位低下甚至是最低级的工作，并且全身心地投入其中把它做好。

因为主人在穿草鞋的时候经常觉得凉冰冰的，秀吉就想出把草鞋放到自己怀里焐热后再给主人穿上的主意。在信长出门之时，秀吉便从怀里拿出鞋来提前摆放好。当信长穿上草鞋时瞬间感觉到了温暖，他最初以为是秀吉把草鞋放到屁股下面而大发雷霆，责骂秀吉。然而秀吉即使受到责骂也毫无怨言，此后依然坚持这样做。直到有一天，信长明白了事情的真相。他原以为秀吉把草鞋放到了屁股下面觉得秀吉是个大逆不道的家伙，但事实却并不是这样，秀吉是把草鞋放在怀里用自己的体温来焐热的。由此可见此人对自己是多么忠诚啊！这件事彻底打动了信长。从此以后，信长逐渐地开始重视起秀吉，直到把他视为自己的左膀右臂，事事都依靠他。

所以，无论怎样的工作，即使再简单，不认真地去做就会遇到各种麻烦。只要我们认真工作，在工作过程中，我们甚至还会收获新的发现。即使是扫地这样看似简单的事也是讲究技巧的，在清扫的过程中，你会发现还有很多种更省时省力的清扫方法。清扫庭院绿植间的卫生，同样也存在又快又干净的清扫方法，并且还能学到关于树木施肥方面的专业知识。只要你认真工作，并学习在工作过程中发现的新知识，最后说不定就能够成为绿植方面的专家，之后专职经营绿植也是份不错的工作呢。当然并不是要你一定去从事相关的工作，我想说的是，无论你觉得多么乏味的工作，既然决定做就一定要满怀热情地把它做好。

你们能否认真做好每天早晨30分钟的大扫除呢? 如果仅仅是流于形式，以应付的心态去做，那就没有任何意义，依然什么都掌握不了。一定要满怀热情，全身心投入地把它做好才行。比如你正在打扫绿植间的卫生，发现地上有落叶，你通过观察它的落叶方式，就会了解绿植因缺水快干枯了，需要给它多浇些水了。这就相当于我们一边做扫除，一边还能够养绿植，凡事都要做到这样才行。在经营企业时，发现当前的商业模式并不好，对国家的将来毫无益处，你就一定要为了国家的未来去做一些事情以改变这种不好的商业模式。同时呼吁撤废那些与此商业模式相关的法律，因为有了它反而是个麻烦，所以必须要更改这些法律条款。在做这些事情的同时，我们还能进一步联想到，为实现你的目标，在政治上应该如何去做，等等。

所以，只要你全身心投入，把每件事都做好，即使在做扫除的过程中，也能领悟出伟大的政治真谛。如果只是抱着差不多就行的蒙混态度去做，那你只能是单纯的扫地工而已，就是这么回事。你们各位，即使在面对其他任何事情的时候，也要有这样的理念，否则就会变得非常肤浅，汲取不到任何深邃的知识与内涵。我听说，你们每天做扫除的时候，不是每个人都能参加，我心里觉得很不舒服，这是完全没有领悟到做扫除的意义。说起为什么要让你们在塾里做扫除，那是因为可以让你们从扫除中联想到如何去从政。因此，我一直都认为扫除工作也是无比重要的事情。同样是在做扫除，有的人就能够领悟政治的精髓，而有的人只能是单纯的扫地工而已，10 年之间这两种人的命运会截然不同。

（1980 年 10 月 24 日）

32　亲身体验社会的现实

只有深刻认识到税金对于商人意味着什么，国家才能实现政治开明。

我请你们各位到零售商店去实习，你们就会明白零售商们的工作有多么辛苦，赚钱是多么的不易，对税金感受到的痛苦有多大。

于是，你们对于改革税金的征收方法、进一步减税、削减政府开支等诸如此类政治家的工作就有了切身体会。不是切身经历得来的体会，往往没有实际的价值。

因此，我请你们各位也亲身体验零售商实际的生存状态。这不仅是政治家们需要了解的事情，即使你想成为企业家，这也是必须要了解的。

想让你们亲身体验一下，零售商为了赚取一两元钱的微薄利润是如何煞费苦心，需要付出多大的辛苦。出于这样的考虑，我准备安排你们去零售商店实习 2 个月左右。

国家正是依靠无数个付出辛苦的人们才能得以发展，如果没有这些勤劳的人们，社会生活就会很不便利。零售商的工作是非常重要的，而真正的大企业仅仅是少数，社会中多数都是中小零售商。只有真正了解零售商们竞争激烈的工作现实，你们才能够真正地了解社会运行的机理。我想，每个人必须要有这样的体验，我们的国家在将来才能够实现政治开明。

（1980 年 10 月 24 日）

33 待客之本

接待客户要做到无微不至。我们应该站在对方的立场上来考虑一切问题，想方设法让对方满意，如果你做不到这一点，就没有领导他人的资格。

待客之本是给人以无微不至的关怀。如果发现宴席的坐垫摆放不对，在客人到来之前，你要及时动手改正过来，做不到这一点是绝对不行的。

会议筹备也是一样，资料的摆放、座次的安排等，一切都要站在客户的立场上考虑。如果安排给客户送礼物，一定要再三斟酌，必须做到让客户带着心仪的礼物满意而归才行。

这种待客思想并非只是针对生意上的客户，其实也包括人与人之间的一切关系。对企业或经营者而言，员工也是企业的客户，需要管理者认真地服务才行。

如果你没有这种待人思想，就没有领导他人的
资格。

（1983 年 5 月 1 日《塾报》）

34 了解人情机微[10]

人情机微不是靠学习来掌握的，只能自己去领悟。了解人情机微是人生中最为重要的事情，也是成就事业的关键所在。

了解人情机微非常重要，但也是最难做到的事情。若是懂得了人情机微，则天下可得也（笑）。然而，真正了解它的人太少了。人情机微是自己在不畏艰险、顽强拼搏的过程中，自然收获到的东西，因此，只有靠自己才能掌握它。

然而，人情机微并不能靠学习来掌握，即使想学也无从学起，它只能靠自己的领悟才能掌握。由于人的秉性不同，对它的领悟也会因人而异。

但在原则上，对不同的人予以不同的关怀与体谅是十分重要的。不懂得站在对方的立场上给予适当的关怀与体谅是不行的。见到政府官员的时候该如何言行，与司机又该怎样打交道，随时随地都能对不同的人施予适当的关怀与体谅，这些不就处处体现了人情机微吗？

若懂得了人情机微，就能够做到心想事成。不懂得人情机微之人，行事就会生出许多麻烦。有人特别善于观察，说穿了，越是善于观察，就越是懂得人情机微。例如，如果你让女性觉得自己没有魅力可是不行的（笑），你的魅力怎么样呢？

应该说我们还是有希望掌握人情机微的。关于人情机微，你只要能够想到它，我觉得就很了不起了。说到底，我们只有接触了许多人，并且经历了许多事情之后，才能够领悟出人情机微的奥妙。

有"服务"这个词，是吧？所谓服务，用佛教用语来解释，就是指慈悲之心。没有慈悲之心是不行的，服务就出自慈悲之心。缺少了慈悲之心的服务就是无用的摆设，是不能够真正打动人的。无论你对人情机微有怎样的理解与运用，要让它成为活的东西，内心深处没有慈悲之心是不行的，我认为这才是人生的根基。了解人情机微是人生中最重要的事情，对于想要成就一番事业的人来讲，其真谛就在于此。所以说，你必须紧紧把握住它。

（1983年2月4日）

⑩机微：来自日语中的"機微"，是指"微妙之处"。本文中的人情机微指的是人情世故的微妙。——编者注

35 做好今天的工作

无论你具有多么强烈的上进心，也要做好今天的工作。我们首先要了解现实生活是怎样的，还需要知晓人性，进而上升为对国家未来的思考。而我们今天所做的工作，是我们实现伟大理想的过程中极其重要的环节。

时至今日，松下电器在人们眼中应该算是一个大型企业。我认为，松下电器之所以能够顺利发展到现在，也是有其原因与要素的。其成功要素的大部分都是他人给我们的教导。相比我们自己的发明创造，我们在与合作方、供应商、批发商或是零售商等打交道的过程中，他们所教授的知识和经验对我们企业的发展更为重要，由此才培育出了今日的松下电器。松下电器虽然是在我的带领下发展起来，但是相比我个人的努力，那些来自于社会各界人士的指导和建议，还有我们企业每一位员工的共同努力与成长更为重要。在众人一起培育的过程中，松下电器得以发展壮大，达到了当前的规模。

无论具有怎样的志向，不做好今天的工作可是不行的。我希望你们在将来让这个国家发展得更好。但是，这好像不花上一百年的时间是不行的，最少也需要几十年时间才能实现吧。为此，在今天你们依然是一名学员的时候，我要求你们必须竭尽全力去做一件事，那就是去零售店实习，今后还会安排你们去工厂实习。工厂实习结束后，还会分别安排你们去做其他各种各样的事情。通过这样的活动，让你们更好地了解现实生活，使你们加深对现实生活与人的理解，进而去思考将来要建设怎样的国家、要实现怎样的发展等问题。在实现这些伟大理想的过程中，我们今天的工作是极其重要的环节。

千万不能本末倒置。有人说："我打算把这些事情放到将来去做，所以现在不做这些事情也是可以的。"那样想是不行的，因为归根到底，路是一步一步走过来的。

（1982 年 7 月 29 日）

36　你能否写出打动对方的信件呢

你能否写出打动对方的信件呢？你的信件是否千篇一律？不要忘记，仅仅一封信，也会带给我们不同的结果，因为人与人之间的关系将由此开始。

你们在实习回来后都写过感谢信吗？发出去了吗？发出信件的内容是怎么写的呢？你写的信能够打动对方吗？你发出的信是否能够让对方想到："这是谁啊，写得真是不错，太高兴了，他是懂我们的。"你写的是这样的信件吗？不会是千篇一律的套话吧？读了你发出的信，能否让人觉得"不枉照顾你一场"？你们是否写了这样的信呢？

如果你的内心真正地怀有感激之心，就一定能够写出这样的信。用千篇一律的套话来写信是不行的，也是没有任何意义的。从写信这件事上，就能把人区分开来，你是怎样的人就体现在这里。"松下先生开设的政经塾，学员们真是了不起。即便是普通的一封信都能做到与众不同，真是优秀于常人啊。"如果能够得到这样的评价，那么政经塾就是成功的。我就要说："学员们真是了不起！"

　　一封感谢信即可看出差异。看似不算什么事，但人与人之间的关系将由此开始。这就是问题的关键所在。

　　有些人仅仅因为一次演讲深受触动就开始奋发图强，成长为一个了不起的人物。也有些人听过同样的演讲，但左耳进右耳出，对他毫无触动。成功人士能够把他们听到的每一言每一语全都加以有效利用，真正的差别就体现在这里。故而一举手一投足皆为修行，皆为学问。

（1981 年 3 月 26 日）

37 **尊视万物**

你的工作不论多么枯燥乏味，对社会而言它必有其价值。世上不存在没有必要的工作，在这个意义上，人的存在也是同样的道理。

在广漠的人世间，有人在做事的过程中感到人生非常地有价值。然而也有另一种情况，旁人看来觉得非常好的工作，本人却不这样想。后一种人总认为别人的工作有趣，而自己正在从事的工作却很无聊。

然而，无论是怎样的工作，都有其价值，世上不存在没有必要的工作，工作都是因为需要才产生的。即使自己认为简单、无聊的工作，但它也能对社会发挥着非常积极的作用。站在这一观点来考虑的话，如果你能够非常出色地做好本职工作，就能给许多人带来了巨大的便利与喜悦，并使自己的生活也能够得以充实。如果你能够从中感受到人生的价值，便是好样的。若按照这种思想去做事，就一定能够成功。

所以，你认为是枯燥乏味的工作，其实并非真的如此。换个想法，就能把你的工作解释为人世间非常有意义的工作。要这样考虑才行啊。

必须尊视万物，只盯住缺点是不行的，必须看到长处。森罗万象全都是我们不可或缺的，认识不到这一点是不行的。

"那家伙我合不来，总觉得他让人讨厌。"还处在说这种话的阶段就说明你的修行还不够。无论面对怎样的人，都必须做到说"挺好的"。说"那家伙太让人讨厌了"这话的人是有的。说实话，我心里也有不太喜欢的人，但即便这样，也不能说出这种话。不管面对怎样的人，都必须做到心不生厌。我想，必须按照这样的思想，运用全部力量去做事才行。希望各位学员都要这样去修行，无论面对任何人，都要做到以这种思想来看待对方。

（1980 年 7 月 31 日）

第七章

做开拓先驱——为了开启新的历史之门

38 以自我之力开创一片新天地

既然决定要做，目标就要指向全国第一甚至世界第一。了解世间的常识是必要的，然而，如果被它所禁锢则难成大事。

如果你没有即使不去学校学习也能做好工作的坚强意志是不行的。有了这样的意志，在这个基础之上，若是有幸得到机会可以再进学校学习的话，那就更好了。可是呢，心里总想着如果去不了某个地方就麻烦了，或者最好是能够去那里等这些杂念是不行的，若被这样的杂念给禁锢了，那就成不了大人物。

你们现在虽然进入了松下政经塾，但你们也许根本学不到什么知识与技能，但即便如此，你们也必须做一些与众不同的事情，开创出一片新天地。这需要你们各位靠自己的力量去开创。我们把大家聚集起来，靠我们自己建设一所类似国际大学的学校，必须胸怀这样的志向。等学成以后再来实践这个理想的话，那就太晚了。真的是这样。

你们在这里需要用 5 年[①]的时间来学习。我的考虑是，要培养出无论做什么都能够有饭吃、无论做什么行业都是该行业的工作能手，即使去了国外工作也能够做到独当一面的人才，同时这种人才还要具有坚强的意志以及独立自主的精神。

你们各位要回归到刚来政经塾时的初心，必须想着要将我们的政经塾办成世界第一，同时不能忘记自己肩负的责任，而且要付诸实施。从政经塾出来的人，无论做什么都能够做到独当一面，哪怕是卖烤红薯，也要做到全国第一，必须要有这种燃烧的激情。听说别的学校好，于是你就想去，或者朋友们都说有个学校不错，所以自己也想去，这样想可是不行的。

（1983 年 6 月 24 日）

①松下政经塾现在的研修时间为 3 年。

111

39 不为知识所束缚

不要拘泥于过去，要把它回归到原点。不为自己的知识所束缚，从头再来一次。如此一来，从丢弃的东西中也会重新找到新的价值。

还是不要过分拘泥于过去为好，把它回归于原点。现在，或许你是 23 岁，你在 23 岁之前学习过的各种各样的知识，要把它统统地丢弃，将自己回归到一张白纸的状态，再来一次，从头开始。即使从头再来，曾经学过的东西也忘不了，因为已经掌握了要领，但我们也不能被它所束缚。

不为知识所束缚，仅仅拥有经验便可得到智慧的启迪。这全部是"得"，没有任何的"失"。至今所做的所有事情也并非毫无意义，虽然也有其价值，但若是被它所束缚住，反倒会成为沉重的负担。所以，你要把它统统地舍弃。虽说是舍弃，然而曾经记住的东西是忘不掉的，还会好好地存在那里，并发挥积极作用。让我们来一次全部舍弃、重新来过的行动吧，从而得以去伪存真，充分利用迄今为止对我们而言行之有效的经验。希望你们能够按照这样的思想去做事。

（1980 年 10 月 24 日）

40 眼前的现实更为重要

百步之外、十步之外、一步之外的事都很重要。然而，首先必须看到一步之外的事。

能够看到百步之外很重要，看到十步之外很重要，看到一步之外也很重要。三个同等重要，没有必要选定哪一个是最重要的。如果三个都能做到岂不是更好？

社会上有这种说法：看到一步之外的人会成功，看到十步之外的人不大会成功，看到百步之外的人注定会失败。这句话其实是在劝诫大家面对眼前的现实更为重要。

的确，先见性很重要。从这个意义上讲，看到百步之外是很重要的，但实际上，一步之外的事情是最容易实现的。举例来说，看到一步之外的人可以从米柜里取出米来，煮好就可以吃了；若是十步之外，就需要耕田种稻；百步之外，就需要考虑明年的气候会怎样，必须做好歉收的准备才行，但我们是很难把握气候的。因此，我们最应该把握好一步之外的事情，只要从米柜里取出来煮好就可以了，这是最容易实现的事情。

看到每一步都是必要的，认识到这一点就可以了。一步之外，就是把米从米柜里取出来煮好，不做这个是不行的。现在，你们各位只要能够看到一步之外的事就可以了。耕田种地的事还早着呢，但也要多加留心才行，不留心观察十步之外、百步之外也是不行的。

（1980 年 8 月 26 日）

41 成为一个倡导者

改变事物需要契机。领导者应该做到先知先觉，立志成为最先的倡导者，这一志向将会开辟新的道路。

有人向松下先生提问关于领导者的问题："说起明治维新，我认为与其说是许多人推动了明治维新，不如说是一小部分的杰出人士率领民众掀起了这项运动。从这个方面来考虑的话，松下政经塾每年接收30名新人加以培养，并将这些人才源源不断地输往社会。我认为您所考虑的领导者人物，在形式上好像与明治维新时期出现的那些领导者人物有所不同。我想请教您的是，以这种形式去推动社会向前发展，真的是可能的吗？"

松下的回答如下：

"话说明治维新的志士，我不知道有多少人。的确，比如吉田松阴[12]吧，他那一派也只有为数不多的几个人，但是在各藩地具有相同志向的人却有数千人之多。吉田松阴思考的问题其实大家也都在思考。我想作为日本人所思考的问题大抵是相同的吧。

在京都东山的灵山，祭祀着明治维新的志士。在那里的志士墓葬有五百多个。为了纪念他们，在10年前创立了"灵山显彰会"[13]，由我担任该会的会长，理事长就是担任松下政经塾理事的塚本幸一先生（时任华歌尔公司总经理）。前不久我查了一下，这些墓葬中的志士们几乎来自于日本全国各地。不是像你说的，明治维新仅仅是由少数人领导的运动，而是由波涛澎湃般地从各地涌现出的众多志士共同推动的。所以说吉田松阴所代表的不仅仅是一个人，他代表了很多具有共同志向的人。在明治维新这一时期，具有维新志向的人来自于日本全国各地。

所以，如果你认为只需要松下政经塾一家来培养未来领导者就足够的话，那是绝对错误的想法。松下政经塾是这件事的"倡导者"。你们也将成为"倡导者"之一。今后，即使不是我们的学员，但具有与本塾类似理念的人将会走向全国各地。"

这个人再次提问："率领这些志士们的领导者，我认为并不需要很多，难道不是这样吗？"

松下的回答如下：

"你说的不对。你知道吗？当时可是有数千人的领导者。与那个时代的日本综合国力相比较，当今的日本，相当于它的数千倍。人口数虽然只是当年数倍的样子，但是，就内容而言，与明治初年相比，当今经济总量也增长了几千倍。考虑到现在的国情你就能明白，在当今时代只有少数几个领导者是远远不够的。松下政经塾立志成为一个"倡导者"，估计今后类似政经塾的组织还会不断地出现。我是这样想的。所以，松下政经塾必须要好好做下去才行。"

这个人又问："那样的话，许多不同的人未必向着同一方向共同努力。我想今后很可能会不断涌现出怀有各种想法与立场的人。如果各种不同立场的人们在完全不同的方向上去追求自己理想，从宏观角度考虑的话，这样一群人将很难走向正确的道路。您对此怎么看呢？"

松下的回答如下：

"关于这一点，我认为人可以有不同的想法与立场，但不应该与别人相差太大。这个差异要控制在一定的限度内。有的时候，这个限度也可以稍微调整些。

然而人与人彼此之间如果缺少了某种共同的期望是绝对不行的。能否实现这个期望暂且不论，但必须要有，否则难以在社会立足。更为重要的是，如果缺少了它，也将难以取信于他人。"

（1980 年 7 月 19 日）

⑫ 吉田松阴（1830—1859），日本德川幕府末期思想家、教育家。主张推翻幕府、尊王攘夷，是明治维新的精神领导者及理论奠基者，维新倒幕运动的先驱，1859 年被幕府当权派处死。——译者注

⑬ 灵山显彰会是为学习并弘扬光大明治维新先驱者的精神，于明治百年的 1968 年发起成立，收集整理明治维新史迹，兴建灵山历史博物馆。1975 年变更为财团法人，松下幸之助担任首任会长。

42　似懂非懂足矣

将世上所有的事情都做到心领神会是很难的，必须在适当的地方做出结论。认清"适当的地方"是非常重要的，它是难以用语言描述的一种感悟。

听说过似懂非懂吧，当你能够模模糊糊地明白也就足够了。要把一件事彻底搞清楚，达到心领神会的程度，几乎是不可能的。如果你觉得大体上就是这个样子，那就可以了。

我很清楚你多少还有些疑问。你是觉得，达不到心领神会真的可以吗？能够达到心领神会当然好了，但是大部分人是达不到的，在这个世上，大部分的事情都是在半信半疑的状态下进行的。

若是对一个问题追本溯源展开讨论的话，将会花上一生的时间。即使花上一生的时间，到了真正明白的时候也该死去了（笑）。这叫作"空谈误己"，这种"空谈误己"的事绝对不能做。世上几乎所有的事情都处于一种暧昧模糊的状态。谁都想追本溯源抓住本质，然而却需要花费相当长的时间才行。假如把相当长的时间都投到了这里，那一辈子就将白费了。虽半信半疑，但必须做出结论的场合却有很多。

因此，我的行事方法便是在半信半疑中做出结论。"松下式"经营法是极其实用的（笑）。我什么都不知道，虽然不知道，但我能够在适当的地方做出结论，因此才有了今天的这一切。如果说这件事还必须再深入地考虑一下，那这个工作也就做不成了。所以，所谓"适当的地方"是无法用语言来表述的，它说不清道不明，是一种感悟。不明白这个道理是不行的。脑子太聪明了是做不到这一点的（笑），像我这样的智商就正好合适，这是真的。

（1980 年 8 月 26 日）

第八章

感谢协作——向着真正的发展目标进发

43 驾驭自我

人的心是能够做到伸缩自如的。领导者首先要驾驭自己的心，若是不能驾驭自己，又何谈能够领导他人。

我有幸在小时候有一段为吃饱肚子而犯愁的经历。每当想到这段苦难的日子，就会感觉现在过得还不错。想起那时，即使死掉也是无奈之举，但我却得到帮助而生存了下来，所以我认为还是不错的。

在那样的情况下，能够得到别人的帮助就是我的运气好啊。因为运气好，所以做事就能取得成功。我一直就这样认为，无论什么时候都往好处想，都往好处看。我想正是这个思想帮助了我。

比如在我 15 岁的时候，有一次从船上掉到了海里。那是我遭遇过的一次大灾难，衣服什么的全都浸泡在了海水里。如果对于这件事，除了自己对于生命安全受到威胁的恐惧之外，想到的仅仅是还必须要洗衣服，并认为这事的发生真是太倒霉了的话，那就没有任何意义了。

然而，我并没有那么想，被人搭救大难不死，这是我的运气好啊，我是这样想的。因此也就释然了。凡事都要像我这样，转换思路往好的方面去想，不这样想是不行的。

人的心，就好像是孙悟空的如意金箍棒，既能放到耳朵里，也能变成顶天巨柱，自由自在。人的心是能够做到伸缩自如的，它既可以使你对曾经愤恨的事情生出感恩之心，也可以令你对现在所发生的好事生出抱怨等各种负面情绪。因此，如何管控自己的心态是非常重要的。身为领导者如果不能驾驭自己，就更别谈领导他人。

（1980 年 8 月 25 日）

44 彼此间相互学习

身为领导者在对待部下、后辈和学生们时，我们要做的不仅仅是教育，还不要忘记，作为普通的个人与他们交往、交谈和相互学习。

大家觉得我是个很了不起的人，你们有这样的想法我非常高兴。但是，只要是人就会有长处与缺点。如果一个人的优点有很多，那么他的缺点也一定不会少。因此，我想在今后的 5 年间，在与你们各位相处时，请你们找出我所有的缺点与不足并提出建议。这件事可是一定要请你们来做的。

当然，作为塾长的我也会对你们提出各种各样的忠告与建议。但是，你们也要指出我的不足之处。你们要发现我的缺点、指出我的不足，请你们务必想着用这样的方式来帮助我不断地完善自己。

你们也不要全都以我为榜样，你们也有各自的优点与长处，我也要向你们学习，不这样做是不行的。虽然名义上我与你们是塾长和学员，也就是指老师和学生。然而，我并没有把自己当成是老师，而把你们当成是学生这样的想法。从年龄上来讲我是你们的老前辈，但作为一个人来讲，我想你们在许多方面是我的前辈。

请大家都以这样的思想来与他人相处。不然，如果交往时心里总想着这人是个伟人的话，一旦发现了伟人的缺点，就会产生失望的心理。

我浑身上下有很多缺点。请你们一定不要把我当成伟人来与我相处哟。如果我在大家心里所描绘的形象还是那个了不起的伟人的话，那可就危险了。让一个普通人的松下幸之助来与大家互相交谈吧，让我们相互学习、共同进步。

（1983 年 4 月 6 日）

45 永不受羁绊

悲伤的事情谁都会有，但不应执着于此。我们如果受其羁绊，则是对生命的浪费。

有人问松下先生："从您小学辍学，离开和歌山那时起的故事，我们一直都在聆听，但是，在漫长的人生当中，塾长您有没有觉得哪件事很快乐，或是哪个时候很高兴？有的话想请您告诉我们。"

松下答："是啊，直截了当地讲，就是我在当学徒时第一次拿到工资的时候，那是我最高兴的时候。"

又有人问松下先生："您有觉得悲伤的事情吗？"

松下答："那倒没有，不大觉得。不过，我也是普通人，所以，别人普遍感到悲伤的事情，我也会感到悲伤的。但即便很悲伤，我也不会使自己深陷其中。如果受其羁绊，在悲伤的情绪中无法自拔是不行的，我认为那就是浪费生命。"

（1983 年 12 月 15 日）

46 审视自己

相比于请别人来观察，不如自己来观察自己。自己的缺点与不足由自己来发现，学会审视自己是非常重要的。

你有没有审视过自己呢？就是经常对自己进行观察。也就是你本人从身体内走到外面来，而从身体内走出来的你，观察现在、现实存在的你。你们要试着这样审视自己。相比于我对你们的观察，还是你自己来观察为好。然后试着从你的口中说出："我知道自己的缺点了，原来我是这样的人"，"那我这就回去把这个缺点改过来"（笑）。话说就是这么回事。

这和从外面看自己建造的房子，改造那些不完善的地方是一样的道理。房子建好了，要走到外面去看哟。这样一瞧，发现这个屋檐太低了，就会把屋檐再往上提一提。即使是自己建的房子，如果自己不走到外面来看也是看不出问题来的。

实际上，人是不能从身体内走到身体外面来的，所以，很难做到仔细观察自己。每个人都能对自己有一定程度的了解，但也只是很有限的程度。的确，用肉眼是观察不到自己的。我们索性试着来一次自己对自己的审视。像这样来一次自问自答：

"你这里不行呀，这里不改过来可是不行的呀！"

"是吗？"

自己这样试着做一次对自己的自问自答怎么样？要是由我来说的话，你或许会说"塾长，您那么说是因为还不了解我"。由你自己来说的话，总不能说你不了解你自己吧（笑）。大家都必须要做自我审视。相比于我来观察，你们自己来观察自己更为重要。

我注意到审视自己的重要性是从创建 PHP 研究所之后开始的。我自己经常以自问自答的方式来审视自己的缺点与不足，经常对自己说："松下幸之助原来有这样的缺点啊。""哦，是吗？那我这就来改。"直到现在我都这样去做，但在创建 PHP 研究所之前我并没有注意到这一点，在创建了 PHP 研究所以后才明白了许多的事情。

在第二次世界大战后粮食非常困难的时期，有天晚上，我去寺院进行 PHP 研究所的推广与宣讲工作。我们招集了四五名和尚，还请了寺院附近的五六个信徒，宣讲工作直到晚上将近 10 点才结束。由于大家一天都没怎么吃东西，所以感到饥饿难耐。此时，恰巧有给佛祖上供的黏糕，于是寺院的人就说："松下先生，难得您从 7 点到 10 点已经给我们讲了 3 个小时，可是我们也没有什么东西能送您。这里有黏糕，我们烤来给您吃吧。"烤好后大家就分着吃掉了。当晚的黏糕味道实在太好吃了。肚子正饿着，再加上那时经常都吃不饱，所以我觉得当时黏糕的味道实在太美味了，怎么也忘不了。

就在那个时候，我注意到了审视自己的必要性。当时我所进行的宣讲工作把要讲的内容都讲完了，当场虽然没有人反对，但也完全没有人响应。为什么没有人响应呢？于是我就进行自我反思，结果我发现，那时我们进行的宣讲内容并没有真正能打动他人的东西，所以没人响应是理所当然的，是我自身有问题，只是自己没有发现而已。

因此，我改变了自己的思维方式。我决定那个时候还是不要考虑发动别人了，还是自己先学习为好，只要能够对自身的学习与提高有帮助，那就足够了。我觉得以当时的处境，让别人接受自己的观点，并与自己一起行动实在是有些强人所难，还是加强自身的学习与提高更为重要。于是，我就自己说给自己听："告诉你幸之助，这样做事可是不行的！就你说的这种事没有一个人会支持你。不过要是能够从中学到些东西也是不错的，如果能够结识到其他人做你的学习伙伴，就该十分满足了。你要这样想才行。"从那之后我持续奋斗了 30 年，到如今已有了众多的追随者。

（1980 年 8 月 1 日）

47 彼此真心诚意相互服务

千万不能忘记服务之心，因为这一心境是连接彼此之间的纽带。

说到底忘记服务之心是不行的，我们需要彼此相互服务。我在为各位服务，你们也要为我服务才行啊，这就相当于相互侍奉。相互侍奉这件事是非常重要的，忘记这一点可是不行的，一定要心怀此念，它是连接人与人彼此之间的纽带。我们如果不懂得这个道理，那可就麻烦了。

（1980 年 10 月 24 日）

48 不和则皆无

以和为贵。没有"和"就产生不了强大的力量。对此不仅要做到头脑明白，更要置于心间。

今天要说的是以和为贵这件事。"和"是第一位的，这已经是得到大家共识的事情了。不以"和"来做事就不会有任何力量。若是没有了"和"这一强大的力量，所有正在做的事情都将化为乌有。为了不至于变得什么都没有，以"和"来协作则是无比重要的。所以，一定要把它牢牢地放在脑袋里。不仅要放进脑袋里，还要牢记在心中，更要置于心间。这是至关重要的一点。

（1980 年 10 月 24 日）

译后记

　　这本书来源于松下幸之助先生的讲话录音，换句话来讲就是松下幸之助先生的述著。

　　因为书中的内容是根据松下先生的讲话录音整理的，所以，在翻译的过程中，如同听松下先生的演讲，他所讲述的道理非常通俗易懂。同时，他所讲的内容并不是空洞的理论，而是结合自己的人生经历、做人做事、人情世故、道德修养等方面总结出的人生智慧，阅读这些文字感到格外亲切。书中他的主张多用否定之否定的表述方式，教育人的道理也多从反面来说，这种表述方式也更具有启发性，能使读者在轻松愉快的阅读中获益匪浅。

　　本书的显著特点是通篇都与中国的传统文化有关，通篇都有儒、释、道的智慧。比如，和为贵、审视自己、实相、修行、千里之行始于足下、尊视万物等内容，在书中都有专门的讲述。让人印象深刻的是松下先生关于"扫除"

的讲述。他在第（8）、（30）、（31）的章节里都提到了"扫除"，更是在第（31）节以"通过'扫除'抓住政治真谛"为主题，对"扫除"的重要性做了专门的阐述。松下先生关于"扫除"的观点，正契合了儒家思想中的"一屋不扫，何以扫天下"的观念。更难能可贵的是，松下先生从10岁开始，每天很早就起床做扫除，不仅打扫自家店前，还把左邻右舍的门前一并打扫。他讲到，这样一做就是5年，从中有了许多对社会与人情世故的感悟，收益良多。他以自己的亲身经历向学员们反复强调，要认真扫好地，还要做到用心去感悟。这充分体现了松下先生做人做事要脚踏实地、积善才能成德的思想。

"素直"是松下政经塾的核心理念。书中有不少篇幅是松下先生本人对"素直"的讲述。什么是"素直"？大体上讲，可翻译成"坦诚"。为什么说是"大体上"呢？《庄子·马蹄》中讲，"同乎无欲，是谓素朴。"素，就是无欲、纯真、本色、朴素、淡泊；什么是"直"呢？直，就是不转弯抹角、直截了当、正直、心直、忠诚。因此，"素直"一词就有了多种含义，比如，真诚、诚恳、本真、正直坦率、坦荡、坦然、质朴、率真、朴实无华等。它具有这么多的内容，所以说"坦诚"二字，代表不了"素直"的全部含义。这次，我在文中根据需要把一些"素直"改成了其他词语，但坦率地讲也并非完全准确。由于没有完全对应的含义，对"素直"二字也许不加翻译更为妥当，一如佛经中的"般若"一般。怎样理解会更好一些呢？敬请大家根据各自的判断加以批判性阅读。

松下幸之助先生是日本著名跨国公司"松下电器"的创始人，被人称为"经营之神"。他小学四年级的时候，因父亲生意破产而辍学，9岁只身离开家来到大阪当学徒，饱尝种种辛酸，在长期实践中悟出了为人处世的道理，努力拼搏，成为了商界屈指可数的成功者。从1950年至1989年，有10年其个人收入均为日本第一，其财富连续40年荣登日本前100位，一生当中创下了5000多亿日元的个人资产。1979年，以培养日本政界、财经界及社会各界的领袖人物为宗旨，松下先生斥资70亿日元创设教育机构松下政经塾，时至今日，已培养出了200多名毕业生。这其中70多人踏入政界，走出过内阁总理大臣1人、政府部长数人、众参两院国会议员30多人及多名地方官员。其他的人则活跃于财经、教育、新闻媒体等日本社会各阶层，可谓成绩斐然。

实践与感悟是松下政经塾的教育理念。所以，松下先生经常强调不能局限于现有的知识范围，更不能被它左右或束缚。这一思想在本书中被多次提及。在第（10）章节，松下先生专门讲到宫本武藏无师自通的故事，其实他自己的学问也达到了无师自通的境界。所谓无师自通，就是实践出真知。他只上学到小学四年级，用他自己的话讲就是没有什么知识，但他在实践中感悟到了真知，真是很了不起。松下先生的主张也许与你的知识体系有冲突，但他以小学四年级的学历，能够成为"经营之神"，自然有他无师自通的道理，做人做事也自然有他高超的造诣和真知灼见。因此，我觉得，在阅读本书时，不妨先将自己的主观意识放在一旁，然后再来研读与领会本书的要点，这样才会有所收获。

本书选取的内容都是松下先生讲给政经塾的学员们听的。学员们都是 23~35 岁的青年，松下先生的目标是要把他们培养成为日本未来各领域的领导者。放眼当今日本，应该说松下先生的这一愿望正在逐步得以实现。

衷心希望本书能够对立志成为各界未来领军人物的青年们有所启发。

译者 张明扬

2016 年 12 月